```
┌─────────────────────────────────────────────┐
│                                             │
│           This Book Belongs To:             │
│                                             │
│    _____  │
│                                             │
│    _____  │
│                                             │
│    _____  │
│                                             │
└─────────────────────────────────────────────┘

Copyright © Teresa Rother
All rights reserved. No part of this publication may be reproduced, distributed, or transmitted in any form or by any means, including photocopy, recording, or other electronic or mechanical methods.
```

Dedication

This Reading Log Book is dedicated to all the kids who want an easy to use tracking notebook for reading time. The writing prompts will guide you through important information in the book.

You are my inspiration for producing this book and I'm honored to be a part of your reading and writing activities.

How to Use this Book

This Reading Book Log Book will help you record, collect, and organize your information in an easy to use format.

Here are examples of information for you to fill in and write the details of the book you read.

Fill in the following information:

1. Table of Contents for 90 books- a place to record book title, start date, end date, and the total number of pages
2. Reading Log Writing Prompts
3. What I Liked About The Book?
4. What I Did Not Like About The book?
5. Who Was My Favorite Character And Why?
6. What Surprised Me About This Book?
7. What I Learned From This Book?
8. Rate Reading Difficulty
9. Overall Book Rating

Table Of Contents

Page #	Title	# Of Pages
1		
2		
3		
4		
5		
6		
7		
8		
9		
10		
11		
12		
13		
14		
15		
16		
17		
18		

Table Of Contents

Page #	Title	# Of Pages
19		
20		
21		
22		
23		
24		
25		
26		
27		
28		
29		
30		
31		
32		
33		
34		
35		
36		

Table Of Contents

Page #	Title	# Of Pages
37		
38		
39		
40		
41		
42		
43		
44		
45		
46		
47		
48		
49		
50		
51		
52		
53		
54		

Table Of Contents

Page #	Title	# Of Pages
55		
56		
57		
58		
59		
60		
61		
62		
63		
64		
65		
66		
67		
68		
69		
70		
71		
72		

Table Of Contents

Page #	Title	# Of Pages
73		
74		
75		
76		
77		
78		
79		
80		
81		
82		
83		
84		
85		
86		
87		
88		
89		
90		

Title
_____
Author
_____
Audio Book ✓   Ebook ✓   Paperback ✓   Hardback ✓

Start Date
End Date

What I Liked Best About This Book?
_____
_____
_____
_____

What I Did Not Like About This Book?
_____
_____
_____
_____

Who Was My Favorite Character And Why?
_____
_____
_____
_____

What Surprised Me About This Book?
_____
_____
_____
_____

What I Learned From This Book?
_____
_____
_____
_____

| 1 | Reading Difficulty ① ② ③ ④ ⑤   Book Rating  |

Title _____ Start Date
Author _____
Audio Book ✓   Ebook ✓   Paperback ✓   Hardback ✓   End Date

What I Liked Best About This Book?
_____
_____
_____
_____

What I Did Not Like About This Book?
_____
_____
_____
_____

Who Was My Favorite Character And Why?
_____
_____
_____
_____

What Surprised Me About This Book?
_____
_____
_____
_____

What I Learned From This Book?
_____
_____
_____
_____

Reading Difficulty ① ② ③ ④ ⑤   Book Rating ☆ ☆ ☆ ☆ ☆

Title
_____
Author
_____
Audio Book ⊘ Ebook ⊘ Paperback ⊘ Hardback ⊘

Start Date
☐

End Date
☐

What I Liked Best About This Book?
_____
_____
_____
_____
_____

What I Did Not Like About This Book?
_____
_____
_____
_____
_____

Who Was My Favorite Character And Why?
_____
_____
_____
_____
_____

What Surprised Me About This Book?
_____
_____
_____
_____
_____

What I Learned From This Book?
_____
_____
_____
_____
_____

3 | Reading Difficulty ① ② ③ ④ ⑤ Book Rating

Title _____
Author _____
Audio Book ✓   Ebook ✓   Paperback ✓   Hardback ✓

Start Date [ ]
End Date [ ]

What I Liked Best About This Book?
_____
_____
_____
_____

What I Did Not Like About This Book?
_____
_____
_____
_____

Who Was My Favorite Character And Why?
_____
_____
_____
_____

What Surprised Me About This Book?
_____
_____
_____
_____

What I Learned From This Book?
_____
_____
_____
_____

Reading Difficulty ① ② ③ ④ ⑤   Book Rating ☆ ☆ ☆ ☆ ☆

Title
_____
Author
_____
Audio Book ✓   Ebook ✓   Paperback ✓   Hardback ✓

Start Date
☐

End Date
☐

What I Liked Best About This Book?
_____
_____
_____
_____
_____

What I Did Not Like About This Book?
_____
_____
_____
_____
_____

Who Was My Favorite Character And Why?
_____
_____
_____
_____
_____

What Surprised Me About This Book?
_____
_____
_____
_____
_____

What I Learned From This Book?
_____
_____
_____
_____
_____

| 5 | Reading Difficulty ① ② ③ ④ ⑤ Book Rating ☆ ☆ ☆ ☆ ☆ |

Title _____
Author _____
Audio Book ✓ Ebook ✓ Paperback ✓ Hardback ✓

Start Date [ ]
End Date [ ]

What I Liked Best About This Book?
_____
_____
_____
_____

What I Did Not Like About This Book?
_____
_____
_____
_____

Who Was My Favorite Character And Why?
_____
_____
_____
_____

What Surprised Me About This Book?
_____
_____
_____
_____

What I Learned From This Book?
_____
_____
_____
_____

Reading Difficulty ① ② ③ ④ ⑤   Book Rating ☆ ☆ ☆ ☆ ☆

Title
_____
Author
_____
Audio Book ⊘ Ebook ⊘ Paperback ⊘ Hardback ⊘

Start Date
[ ]
End Date
[ ]

What I Liked Best About This Book?
_____
_____
_____
_____
_____

What I Did Not Like About This Book?
_____
_____
_____
_____
_____

Who Was My Favorite Character And Why?
_____
_____
_____
_____
_____

What Surprised Me About This Book?
_____
_____
_____
_____
_____

What I Learned From This Book?
_____
_____
_____
_____
_____

Reading Difficulty ① ② ③ ④ ⑤   Book Rating

Title: _____ Start Date
Author: _____
Audio Book ✓   Ebook ✓   Paperback ✓   Hardback ✓   End Date

What I Liked Best About This Book?
_____
_____
_____
_____

What I Did Not Like About This Book?
_____
_____
_____
_____

Who Was My Favorite Character And Why?
_____
_____
_____
_____

What Surprised Me About This Book?
_____
_____
_____
_____

What I Learned From This Book?
_____
_____
_____
_____

Reading Difficulty      Book Rating

Title
_____
Author
_____
Audio Book ✓   Ebook ✓   Paperback ✓   Hardback ✓

Start Date
☐

End Date
☐

What I Liked Best About This Book?
_____
_____
_____
_____

What I Did Not Like About This Book?
_____
_____
_____
_____

Who Was My Favorite Character And Why?
_____
_____
_____
_____

What Surprised Me About This Book?
_____
_____
_____
_____

What I Learned From This Book?
_____
_____
_____
_____

9 | Reading Difficulty    Book Rating

Title _____
Author _____
Audio Book ✓ Ebook ✓ Paperback ✓ Hardback ✓

Start Date
[ ]
End Date
[ ]

What I Liked Best About This Book?
_____
_____
_____
_____

What I Did Not Like About This Book?
_____
_____
_____
_____

Who Was My Favorite Character And Why?
_____
_____
_____
_____

What Surprised Me About This Book?
_____
_____
_____
_____

What I Learned From This Book?
_____
_____
_____
_____

Reading Difficulty ① ② ③ ④ ⑤   Book Rating ☆ ☆ ☆ ☆ ☆   10

Title: _____
Author: _____
Audio Book ✓ Ebook ✓ Paperback ✓ Hardback ✓

Start Date ▢
End Date ▢

What I Liked Best About This Book?
_____
_____
_____
_____
_____

What I Did Not Like About This Book?
_____
_____
_____
_____
_____

Who Was My Favorite Character And Why?
_____
_____
_____
_____
_____

What Surprised Me About This Book?
_____
_____
_____
_____
_____

What I Learned From This Book?
_____
_____
_____
_____
_____

Reading Difficulty    Book Rating

Title
_____
Author
_____
Audio Book ⊘   Ebook ⊘   Paperback ⊘   Hardback ⊘

Start Date
☐

End Date
☐

What I Liked Best About This Book?
_____
_____
_____
_____

What I Did Not Like About This Book?
_____
_____
_____
_____

Who Was My Favorite Character And Why?
_____
_____
_____
_____

What Surprised Me About This Book?
_____
_____
_____
_____

What I Learned From This Book?
_____
_____
_____
_____

Reading Difficulty  ③ ④ ⑤   Book Rating     ☆

Title
_____
Author
_____
Audio Book ✓ Ebook ✓ Paperback ✓ Hardback ✓

Start Date
[   ]

End Date
[   ]

What I Liked Best About This Book?
_____
_____
_____
_____

What I Did Not Like About This Book?
_____
_____
_____
_____

Who Was My Favorite Character And Why?
_____
_____
_____
_____

What Surprised Me About This Book?
_____
_____
_____
_____

What I Learned From This Book?
_____
_____
_____
_____

Reading Difficulty   Book Rating

Title _____ Start Date [ ]
Author _____ End Date [ ]
Audio Book (✓) Ebook (✓) Paperback (✓) Hardback (✓)

What I Liked Best About This Book?
_____
_____
_____
_____

What I Did Not Like About This Book?
_____
_____
_____
_____

Who Was My Favorite Character And Why?
_____
_____
_____
_____

What Surprised Me About This Book?
_____
_____
_____
_____

What I Learned From This Book?
_____
_____
_____
_____

Reading Difficulty ① ② ③ ④ ⑤   Book Rating ☆ ☆ ☆ ☆ ☆   14

Title
_____
Author
_____
Audio Book ✓   Ebook ✓   Paperback ✓   Hardback ✓

Start Date
End Date

What I Liked Best About This Book?
_____
_____
_____
_____
_____

What I Did Not Like About This Book?
_____
_____
_____
_____
_____

Who Was My Favorite Character And Why?
_____
_____
_____
_____
_____

What Surprised Me About This Book?
_____
_____
_____
_____
_____

What I Learned From This Book?
_____
_____
_____
_____
_____

15 | Reading Difficulty    Book Rating

Title _____
Author _____
Audio Book ✓ Ebook ✓ Paperback ✓ Hardback ✓

Start Date [ ]
End Date [ ]

What I Liked Best About This Book?
_____
_____
_____
_____
_____

What I Did Not Like About This Book?
_____
_____
_____
_____
_____

Who Was My Favorite Character And Why?
_____
_____
_____
_____

What Surprised Me About This Book?
_____
_____
_____
_____

What I Learned From This Book?
_____
_____
_____
_____

Reading Difficulty   Book Rating

Title: _____
Author: _____
Audio Book ✓ Ebook ✓ Paperback ✓ Hardback ✓

Start Date: ☐
End Date: ☐

What I Liked Best About This Book?
_____
_____
_____
_____

What I Did Not Like About This Book?
_____
_____
_____
_____

Who Was My Favorite Character And Why?
_____
_____
_____
_____

What Surprised Me About This Book?
_____
_____
_____
_____

What I Learned From This Book?
_____
_____
_____
_____

| 17 | Reading Difficulty ① ② ③ ④ ⑤ Book Rating   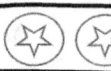  |

Title
_____
Author
_____
Audio Book ✓ Ebook ✓ Paperback ✓ Hardback ✓

Start Date
[ ]

End Date
[ ]

What I Liked Best About This Book?
_____
_____
_____
_____
_____

What I Did Not Like About This Book?
_____
_____
_____
_____
_____

Who Was My Favorite Character And Why?
_____
_____
_____
_____
_____

What Surprised Me About This Book?
_____
_____
_____
_____
_____

What I Learned From This Book?
_____
_____
_____
_____
_____

Reading Difficulty    Book Rating

Title
_____
Author
_____
Audio Book ✓ Ebook ✓ Paperback ✓ Hardback ✓

Start Date
[ ]

End Date
[ ]

What I Liked Best About This Book?
_____
_____
_____
_____

What I Did Not Like About This Book?
_____
_____
_____
_____

Who Was My Favorite Character And Why?
_____
_____
_____
_____

What Surprised Me About This Book?
_____
_____
_____
_____

What I Learned From This Book?
_____
_____
_____
_____

Reading Difficulty    Book Rating

Title: _____

Author: _____

Audio Book ✓   Ebook ✓   Paperback ✓   Hardback ✓

Start Date: [ ]

End Date: [ ]

What I Liked Best About This Book?
_____
_____
_____
_____
_____

What I Did Not Like About This Book?
_____
_____
_____
_____
_____

Who Was My Favorite Character And Why?
_____
_____
_____
_____
_____

What Surprised Me About This Book?
_____
_____
_____
_____
_____

What I Learned From This Book?
_____
_____
_____
_____
_____

Reading Difficulty     Book Rating

Title
_____
Author
_____
Audio Book ✓   Ebook ✓   Paperback ✓   Hardback ✓

Start Date
☐

End Date
☐

What I Liked Best About This Book?
_____
_____
_____
_____

What I Did Not Like About This Book?
_____
_____
_____
_____

Who Was My Favorite Character And Why?
_____
_____
_____
_____

What Surprised Me About This Book?
_____
_____
_____
_____

What I Learned From This Book?
_____
_____
_____
_____

Reading Difficulty ② ③ ④ ⑤   Book Rating

Title
_____
Author
_____
Audio Book ✓ Ebook ✓ Paperback ✓ Hardback ✓

Start Date
End Date

What I Liked Best About This Book?

What I Did Not Like About This Book?

Who Was My Favorite Character And Why?

What Surprised Me About This Book?

What I Learned From This Book?

Reading Difficulty ① ② ③ ④ ⑤   Book Rating     |22|

Title
_____
Author
_____
Audio Book ✓ Ebook ✓ Paperback ✓ Hardback ✓

Start Date
[ ]
End Date
[ ]

What I Liked Best About This Book?
_____
_____
_____
_____

What I Did Not Like About This Book?
_____
_____
_____
_____
_____

Who Was My Favorite Character And Why?
_____
_____
_____
_____
_____

What Surprised Me About This Book?
_____
_____
_____
_____

What I Learned From This Book?
_____
_____
_____
_____

Reading Difficulty   Book Rating

Title: _____
Author: _____
Audio Book ✓ Ebook ✓ Paperback ✓ Hardback ✓

Start Date: [ ]
End Date: [ ]

What I Liked Best About This Book?
_____
_____
_____
_____
_____

What I Did Not Like About This Book?
_____
_____
_____
_____
_____

Who Was My Favorite Character And Why?
_____
_____
_____
_____
_____

What Surprised Me About This Book?
_____
_____
_____
_____
_____

What I Learned From This Book?
_____
_____
_____
_____
_____

Reading Difficulty ① ② ③ ④ ⑤   Book Rating ☆ ☆ ☆ ☆ ☆

Title
_____
Author
_____
Audio Book ✓   Ebook ✓   Paperback ✓   Hardback ✓

Start Date
[   ]

End Date
[   ]

What I Liked Best About This Book?
_____
_____
_____
_____

What I Did Not Like About This Book?
_____
_____
_____
_____

Who Was My Favorite Character And Why?
_____
_____
_____
_____

What Surprised Me About This Book?
_____
_____
_____
_____

What I Learned From This Book?
_____
_____
_____
_____

| 25 | Reading Difficulty | ① ② ③ ④ ⑤ | Book Rating |    |

Title _____

Author _____

Audio Book ⊘ Ebook ⊘ Paperback ⊘ Hardback ⊘

Start Date [ ]

End Date [ ]

What I Liked Best About This Book?
_____
_____
_____
_____
_____

What I Did Not Like About This Book?
_____
_____
_____
_____
_____

Who Was My Favorite Character And Why?
_____
_____
_____
_____
_____

What Surprised Me About This Book?
_____
_____
_____
_____
_____

What I Learned From This Book?
_____
_____
_____
_____
_____

Reading Difficulty ① ② ③ ④ ⑤   Book Rating ☆ ☆ ☆ ☆ ☆

Title
_____
Author
_____
Audio Book ✓ Ebook ✓ Paperback ✓ Hardback ✓

Start Date
☐

End Date
☐

What I Liked Best About This Book?
_____
_____
_____
_____

What I Did Not Like About This Book?
_____
_____
_____
_____

Who Was My Favorite Character And Why?
_____
_____
_____
_____

What Surprised Me About This Book?
_____
_____
_____
_____

What I Learned From This Book?
_____
_____
_____
_____

Reading Difficulty ① ② ③ ④ ⑤   Book Rating ☆ ☆ ☆ ☆

Title
_____
Author
_____
Audio Book ✓   Ebook ✓   Paperback ✓   Hardback ✓

Start Date
☐

End Date
☐

What I Liked Best About This Book?
_____
_____
_____
_____
_____

What I Did Not Like About This Book?
_____
_____
_____
_____
_____

Who Was My Favorite Character And Why?
_____
_____
_____
_____
_____

What Surprised Me About This Book?
_____
_____
_____
_____
_____

What I Learned From This Book?
_____
_____
_____
_____
_____

Reading Difficulty ① ② ③ ④ ⑤   Book Rating ☆ ☆ ☆ ☆ ☆

Title _____

Author _____

Audio Book ✓ Ebook ✓ Paperback ✓ Hardback ✓

Start Date ☐

End Date ☐

What I Liked Best About This Book?
_____
_____
_____
_____

What I Did Not Like About This Book?
_____
_____
_____
_____

Who Was My Favorite Character And Why?
_____
_____
_____
_____

What Surprised Me About This Book?
_____
_____
_____
_____

What I Learned From This Book?
_____
_____
_____
_____

29 | Reading Difficulty   ④ ⑤ | Book Rating   ☆ ☆

Title _____

Author _____

Audio Book ✓ Ebook ✓ Paperback ✓ Hardback ✓

Start Date [ ]

End Date [ ]

What I Liked Best About This Book?
_____
_____
_____
_____
_____

What I Did Not Like About This Book?
_____
_____
_____
_____
_____

Who Was My Favorite Character And Why?
_____
_____
_____
_____
_____

What Surprised Me About This Book?
_____
_____
_____
_____
_____

What I Learned From This Book?
_____
_____
_____
_____
_____

Reading Difficulty ① ② ③ ④ ⑤   Book Rating ☆ ☆ ☆ ☆ ☆

Title
_____
Author
_____
Audio Book ✓ Ebook ✓ Paperback ✓ Hardback ✓

Start Date
☐

End Date
☐

What I Liked Best About This Book?
_____
_____
_____
_____
_____

What I Did Not Like About This Book?
_____
_____
_____
_____
_____

Who Was My Favorite Character And Why?
_____
_____
_____
_____
_____

What Surprised Me About This Book?
_____
_____
_____
_____
_____

What I Learned From This Book?
_____
_____
_____
_____
_____

Reading Difficulty ① ② ③ ④ ⑤   Book Rating ☆ ☆ ☆ ☆ ☆

Title _____

Author _____

Audio Book ✓ Ebook ✓ Paperback ✓ Hardback ✓

Start Date [ ]

End Date [ ]

What I Liked Best About This Book?
_____
_____
_____
_____
_____

What I Did Not Like About This Book?
_____
_____
_____
_____
_____

Who Was My Favorite Character And Why?
_____
_____
_____
_____
_____

What Surprised Me About This Book?
_____
_____
_____
_____
_____

What I Learned From This Book?
_____
_____
_____
_____
_____

Reading Difficulty ① ② ③ ④ ⑤   Book Rating ☆ ☆ ☆ ☆ ☆

Title
_____
Author
_____
Audio Book ✓   Ebook ✓   Paperback ✓   Hardback ✓

Start Date
☐

End Date
☐

What I Liked Best About This Book?
_____
_____
_____
_____
_____

What I Did Not Like About This Book?
_____
_____
_____
_____
_____

Who Was My Favorite Character And Why?
_____
_____
_____
_____
_____

What Surprised Me About This Book?
_____
_____
_____
_____
_____

What I Learned From This Book?
_____
_____
_____
_____
_____

Reading Difficulty   ③ ④ ⑤   Book Rating

Title _____

Author _____

Audio Book ✓   Ebook ✓   Paperback ✓   Hardback ✓

Start Date [ ]

End Date [ ]

What I Liked Best About This Book?
_____
_____
_____
_____

What I Did Not Like About This Book?
_____
_____
_____
_____

Who Was My Favorite Character And Why?
_____
_____
_____
_____

What Surprised Me About This Book?
_____
_____
_____
_____

What I Learned From This Book?
_____
_____
_____
_____

Reading Difficulty   ① ② ③ ④ ⑤   Book Rating   ☆ ☆ ☆ ☆ ☆

Title: _____
Author: _____
Audio Book ✓ Ebook ✓ Paperback ✓ Hardback ✓

Start Date: ☐
End Date: ☐

What I Liked Best About This Book?
_____
_____
_____
_____

What I Did Not Like About This Book?
_____
_____
_____
_____

Who Was My Favorite Character And Why?
_____
_____
_____
_____

What Surprised Me About This Book?
_____
_____
_____
_____

What I Learned From This Book?
_____
_____
_____
_____

| 35 | Reading Difficulty | ① ② ③ ④ ⑤ | Book Rating | ☆ ☆ ☆ ☆ ☆ |

Title
_____
Author
_____
Audio Book ✓   Ebook ✓   Paperback ✓   Hardback ✓

Start Date
[ ]

End Date
[ ]

What I Liked Best About This Book?
_____
_____
_____
_____

What I Did Not Like About This Book?
_____
_____
_____
_____

Who Was My Favorite Character And Why?
_____
_____
_____
_____

What Surprised Me About This Book?
_____
_____
_____
_____

What I Learned From This Book?
_____
_____
_____
_____

Reading Difficulty ① ② ③ ④ ⑤   Book Rating ☆ ☆ ☆ ☆ ☆

Title _____

Author _____

Audio Book ✓ Ebook ✓ Paperback ✓ Hardback ✓

Start Date ☐

End Date ☐

What I Liked Best About This Book?
_____
_____
_____
_____
_____

What I Did Not Like About This Book?
_____
_____
_____
_____
_____

Who Was My Favorite Character And Why?
_____
_____
_____
_____
_____

What Surprised Me About This Book?
_____
_____
_____
_____
_____

What I Learned From This Book?
_____
_____
_____
_____
_____

Reading Difficulty   ③ ④ ⑤ Book Rating

Title: _____
Author: _____
Audio Book ✓ Ebook ✓ Paperback ✓ Hardback ✓

Start Date: [   ]
End Date: [   ]

What I Liked Best About This Book?
_____
_____
_____
_____

What I Did Not Like About This Book?
_____
_____
_____
_____

Who Was My Favorite Character And Why?
_____
_____
_____
_____

What Surprised Me About This Book?
_____
_____
_____
_____

What I Learned From This Book?
_____
_____
_____
_____

Reading Difficulty ① ② ③ ④ ⑤   Book Rating ☆ ☆ ☆ ☆ ☆

Title _____

Author _____

Audio Book ✓   Ebook ✓   Paperback ✓   Hardback ✓

Start Date

End Date

What I Liked Best About This Book?

_____
_____
_____
_____

What I Did Not Like About This Book?

_____
_____
_____
_____

Who Was My Favorite Character And Why?

_____
_____
_____
_____

What Surprised Me About This Book?

_____
_____
_____
_____

What I Learned From This Book?

_____
_____
_____
_____

| 39 | Reading Difficulty    Book Rating |

Title
_____
Author
_____
Audio Book ✓ Ebook ✓ Paperback ✓ Hardback ✓

Start Date
[ ]
End Date
[ ]

What I Liked Best About This Book?
_____
_____
_____
_____
_____

What I Did Not Like About This Book?
_____
_____
_____
_____
_____

Who Was My Favorite Character And Why?
_____
_____
_____
_____
_____

What Surprised Me About This Book?
_____
_____
_____
_____
_____

What I Learned From This Book?
_____
_____
_____
_____
_____

Reading Difficulty    Book Rating    40

Title _____

Author _____

Audio Book ✓ Ebook ✓ Paperback ✓ Hardback ✓

Start Date ☐

End Date ☐

What I Liked Best About This Book?
_____
_____
_____
_____

What I Did Not Like About This Book?
_____
_____
_____
_____

Who Was My Favorite Character And Why?
_____
_____
_____
_____

What Surprised Me About This Book?
_____
_____
_____
_____

What I Learned From This Book?
_____
_____
_____
_____

Reading Difficulty ① ② ③ ④ ⑤   Book Rating ✭ ✭ ✭ ✭ ✭

Title _____
Author _____
Audio Book ✓ Ebook ✓ Paperback ✓ Hardback ✓

Start Date [ ]
End Date [ ]

What I Liked Best About This Book?
_____
_____
_____
_____

What I Did Not Like About This Book?
_____
_____
_____
_____

Who Was My Favorite Character And Why?
_____
_____
_____
_____

What Surprised Me About This Book?
_____
_____
_____
_____

What I Learned From This Book?
_____
_____
_____
_____

Reading Difficulty ① ② ③ ④ ⑤   Book Rating ☆ ☆ ☆ ☆ ☆

Title: _____

Author: _____

Audio Book ✓   Ebook ✓   Paperback ✓   Hardback ✓

Start Date: ☐

End Date: ☐

What I Liked Best About This Book?
_____
_____
_____
_____
_____

What I Did Not Like About This Book?
_____
_____
_____
_____
_____

Who Was My Favorite Character And Why?
_____
_____
_____
_____
_____

What Surprised Me About This Book?
_____
_____
_____
_____
_____

What I Learned From This Book?
_____
_____
_____
_____
_____

Reading Difficulty   ① ② ③ ④ ⑤   Book Rating

Title
_____
Author
_____
Audio Book ✓   Ebook ✓   Paperback ✓   Hardback ✓

Start Date
[ ]
End Date
[ ]

What I Liked Best About This Book?
_____
_____
_____
_____
_____

What I Did Not Like About This Book?
_____
_____
_____
_____
_____

Who Was My Favorite Character And Why?
_____
_____
_____
_____
_____

What Surprised Me About This Book?
_____
_____
_____
_____
_____

What I Learned From This Book?
_____
_____
_____
_____
_____

Reading Difficulty ① ② ③ ④ ⑤   Book Rating ☆ ☆ ☆ ☆ ☆

Title: _____

Author: _____

Audio Book ✓   Ebook ✓   Paperback ✓   Hardback ✓

Start Date: ☐

End Date: ☐

What I Liked Best About This Book?
_____
_____
_____
_____

What I Did Not Like About This Book?
_____
_____
_____
_____

Who Was My Favorite Character And Why?
_____
_____
_____
_____
_____

What Surprised Me About This Book?
_____
_____
_____
_____

What I Learned From This Book?
_____
_____
_____
_____

45 | Reading Difficulty    Book Rating

Title
_____
Author
_____
Audio Book ✓ Ebook ✓ Paperback ✓ Hardback ✓

Start Date
[   ]

End Date
[   ]

What I Liked Best About This Book?
_____
_____
_____
_____
_____

What I Did Not Like About This Book?
_____
_____
_____
_____
_____

Who Was My Favorite Character And Why?
_____
_____
_____
_____
_____

What Surprised Me About This Book?
_____
_____
_____
_____
_____

What I Learned From This Book?
_____
_____
_____
_____
_____

Reading Difficulty     Book Rating

Title
_____
Author
_____
Audio Book ✓   Ebook ✓   Paperback ✓   Hardback ✓

Start Date
☐

End Date
☐

What I Liked Best About This Book?
_____
_____
_____
_____
_____

What I Did Not Like About This Book?
_____
_____
_____
_____
_____

Who Was My Favorite Character And Why?
_____
_____
_____
_____
_____

What Surprised Me About This Book?
_____
_____
_____
_____
_____

What I Learned From This Book?
_____
_____
_____
_____
_____

Reading Difficulty ① ② ③ ④ ⑤   Book Rating ☆ ☆ ☆ ☆ ☆

Title
_____
Author
_____
Audio Book ✓   Ebook ✓   Paperback ✓   Hardback ✓

Start Date
[   ]

End Date
[   ]

What I Liked Best About This Book?
_____
_____
_____
_____
_____

What I Did Not Like About This Book?
_____
_____
_____
_____
_____

Who Was My Favorite Character And Why?
_____
_____
_____
_____
_____

What Surprised Me About This Book?
_____
_____
_____
_____
_____

What I Learned From This Book?
_____
_____
_____
_____
_____

Reading Difficulty    Book Rating

Title
_____
Author
_____
Audio Book ✓ Ebook ✓ Paperback ✓ Hardback ✓

Start Date
☐

End Date
☐

What I Liked Best About This Book?
_____
_____
_____
_____
_____

What I Did Not Like About This Book?
_____
_____
_____
_____
_____

Who Was My Favorite Character And Why?
_____
_____
_____
_____
_____

What Surprised Me About This Book?
_____
_____
_____
_____
_____

What I Learned From This Book?
_____
_____
_____
_____
_____

49 | Reading Difficulty    Book Rating

Title _____

Author _____

Audio Book ✓   Ebook ✓   Paperback ✓   Hardback ✓

Start Date ▢

End Date ▢

What I Liked Best About This Book?
_____
_____
_____
_____
_____

What I Did Not Like About This Book?
_____
_____
_____
_____
_____

Who Was My Favorite Character And Why?
_____
_____
_____
_____
_____

What Surprised Me About This Book?
_____
_____
_____
_____
_____

What I Learned From This Book?
_____
_____
_____
_____
_____

Reading Difficulty ① ② ③ ④ ⑤   Book Rating       50

Title _____ Start Date
Author _____
Audio Book ✓ Ebook ✓ Paperback ✓ Hardback ✓ End Date

What I Liked Best About This Book?
_____
_____
_____

What I Did Not Like About This Book?
_____
_____
_____

Who Was My Favorite Character And Why?
_____
_____
_____

What Surprised Me About This Book?
_____
_____
_____

What I Learned From This Book?
_____
_____
_____

51 | Reading Difficulty ① ② ③ ④ ⑤ Book Rating ☆ ☆ ☆ ☆ ☆

Title
_____

Author
_____

Audio Book ✓ Ebook ✓ Paperback ✓ Hardback ✓

Start Date
[ ]

End Date
[ ]

What I Liked Best About This Book?
_____
_____
_____
_____
_____

What I Did Not Like About This Book?
_____
_____
_____
_____
_____

Who Was My Favorite Character And Why?
_____
_____
_____
_____
_____

What Surprised Me About This Book?
_____
_____
_____
_____
_____

What I Learned From This Book?
_____
_____
_____
_____
_____

Reading Difficulty ① ② ③ ④ ⑤   Book Rating ☆ ☆ ☆ ☆

Title
_____
Author
_____
Audio Book (✓) Ebook (✓) Paperback (✓) Hardback (✓)

Start Date
☐

End Date
☐

What I Liked Best About This Book?
_____
_____
_____
_____
_____

What I Did Not Like About This Book?
_____
_____
_____
_____
_____

Who Was My Favorite Character And Why?
_____
_____
_____
_____
_____

What Surprised Me About This Book?
_____
_____
_____
_____
_____

What I Learned From This Book?
_____
_____
_____
_____
_____

Reading Difficulty ① ② ③ ④ ⑤   Book Rating ☆ ☆ ☆ ☆ ☆

Title _____
Author _____
Audio Book ✓ Ebook ✓ Paperback ✓ Hardback ✓

Start Date ☐
End Date ☐

What I Liked Best About This Book?
_____
_____
_____
_____
_____

What I Did Not Like About This Book?
_____
_____
_____
_____
_____

Who Was My Favorite Character And Why?
_____
_____
_____
_____
_____

What Surprised Me About This Book?
_____
_____
_____
_____
_____

What I Learned From This Book?
_____
_____
_____
_____
_____

Reading Difficulty   ④ ⑤ Book Rating

Title _____
Author _____
Audio Book ✓   Ebook ✓   Paperback ✓   Hardback ✓

Start Date [ ]
End Date [ ]

What I Liked Best About This Book?
_____
_____
_____
_____
_____

What I Did Not Like About This Book?
_____
_____
_____
_____
_____

Who Was My Favorite Character And Why?
_____
_____
_____
_____
_____
_____

What Surprised Me About This Book?
_____
_____
_____
_____
_____

What I Learned From This Book?
_____
_____
_____
_____
_____

| 55 | Reading Difficulty | ① ② ③ ④ ⑤ | Book Rating | 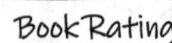     |

Title
_____
Author
_____
Audio Book ✓   Ebook ✓   Paperback ✓   Hardback ✓

Start Date
[ ]
End Date
[ ]

What I Liked Best About This Book?
_____
_____
_____
_____

What I Did Not Like About This Book?
_____
_____
_____
_____

Who Was My Favorite Character And Why?
_____
_____
_____
_____

What Surprised Me About This Book?
_____
_____
_____
_____

What I Learned From This Book?
_____
_____
_____
_____

Reading Difficulty     Book Rating

Title
_____
Author
_____
Audio Book ✓   Ebook ✓   Paperback ✓   Hardback ✓

Start Date
[   ]

End Date
[   ]

What I Liked Best About This Book?
_____
_____
_____
_____
_____

What I Did Not Like About This Book?
_____
_____
_____
_____
_____

Who Was My Favorite Character And Why?
_____
_____
_____
_____
_____

What Surprised Me About This Book?
_____
_____
_____
_____
_____

What I Learned From This Book?
_____
_____
_____
_____
_____

| 57 | Reading Difficulty ① ② ③ ④ ⑤   Book Rating ☆ ☆ ☆ ☆ ☆ |

Title
_____
Author
_____
Audio Book ✓ Ebook ✓ Paperback ✓ Hardback ✓

Start Date
[ ]

End Date
[ ]

What I Liked Best About This Book?
_____
_____
_____
_____
_____

What I Did Not Like About This Book?
_____
_____
_____
_____
_____

Who Was My Favorite Character And Why?
_____
_____
_____
_____
_____

What Surprised Me About This Book?
_____
_____
_____
_____

What I Learned From This Book?
_____
_____
_____
_____
_____

Reading Difficulty ① ② ③ ④ ⑤   Book Rating ☆ ☆ ☆ ☆ ☆

Title _____

Author _____

Audio Book ✓ Ebook ✓ Paperback ✓ Hardback ✓

Start Date ☐

End Date ☐

What I Liked Best About This Book?
_____
_____
_____
_____
_____

What I Did Not Like About This Book?
_____
_____
_____
_____
_____

Who Was My Favorite Character And Why?
_____
_____
_____
_____
_____

What Surprised Me About This Book?
_____
_____
_____
_____
_____

What I Learned From This Book?
_____
_____
_____
_____
_____

Reading Difficulty ① ② ③ ④ ⑤   Book Rating ☆ ☆ ☆ ☆ ☆

Title: _____
Author: _____
Audio Book ✓ Ebook ✓ Paperback ✓ Hardback ✓

Start Date: [ ]
End Date: [ ]

What I Liked Best About This Book?
_____
_____
_____
_____

What I Did Not Like About This Book?
_____
_____
_____
_____

Who Was My Favorite Character And Why?
_____
_____
_____
_____

What Surprised Me About This Book?
_____
_____
_____
_____

What I Learned From This Book?
_____
_____
_____
_____

Reading Difficulty ① ② ③ ④ ⑤   Book Rating ☆ ☆ ☆ ☆ ☆

Title
_____
Author
_____
Audio Book ✓   Ebook ✓   Paperback ✓   Hardback ✓

Start Date

End Date

What I Liked Best About This Book?
_____
_____
_____
_____
_____

What I Did Not Like About This Book?
_____
_____
_____
_____
_____

Who Was My Favorite Character And Why?
_____
_____
_____
_____
_____

What Surprised Me About This Book?
_____
_____
_____
_____
_____

What I Learned From This Book?
_____
_____
_____
_____
_____

61 | Reading Difficulty   ④ ⑤   Book Rating    ☆ ☆

Title _____

Author _____

Audio Book ✓ Ebook ✓ Paperback ✓ Hardback ✓

Start Date ☐

End Date ☐

What I Liked Best About This Book?
_____
_____
_____
_____

What I Did Not Like About This Book?
_____
_____
_____
_____

Who Was My Favorite Character And Why?
_____
_____
_____
_____

What Surprised Me About This Book?
_____
_____
_____
_____

What I Learned From This Book?
_____
_____
_____
_____

Reading Difficulty ① ② ③ ④ ⑤   Book Rating ☆ ☆ ☆ ☆ ☆

Title _____

Author _____

Audio Book ✓ Ebook ✓ Paperback ✓ Hardback ✓

Start Date ☐

End Date ☐

What I Liked Best About This Book?
_____
_____
_____
_____
_____

What I Did Not Like About This Book?
_____
_____
_____
_____
_____

Who Was My Favorite Character And Why?
_____
_____
_____
_____
_____

What Surprised Me About This Book?
_____
_____
_____
_____
_____

What I Learned From This Book?
_____
_____
_____
_____
_____

Reading Difficulty ① ② ③ ④ ⑤   Book Rating ☆ ☆ ☆ ☆ ☆

Title
_____
Author
_____
Audio Book ✓ Ebook ✓ Paperback ✓ Hardback ✓

Start Date
[ ]
End Date
[ ]

What I Liked Best About This Book?
_____
_____
_____
_____

What I Did Not Like About This Book?
_____
_____
_____
_____

Who Was My Favorite Character And Why?
_____
_____
_____
_____

What Surprised Me About This Book?
_____
_____
_____
_____

What I Learned From This Book?
_____
_____
_____
_____

Reading Difficulty ① ② ③ ④ ⑤   Book Rating ☆ ☆ ☆ ☆ ☆

Title _____

Author _____

Audio Book ✓ Ebook ✓ Paperback ✓ Hardback ✓

Start Date

End Date

What I Liked Best About This Book?
_____
_____
_____
_____

What I Did Not Like About This Book?
_____
_____
_____
_____

Who Was My Favorite Character And Why?
_____
_____
_____
_____

What Surprised Me About This Book?
_____
_____
_____
_____

What I Learned From This Book?
_____
_____
_____
_____

| 65 | Reading Difficulty | ① ② ③ ④ ⑤ | Book Rating | ☆ ☆ ☆ ☆ ☆ |

Title _____
Author _____
Audio Book ✓ Ebook ✓ Paperback ✓ Hardback ✓

Start Date
[ ]

End Date
[ ]

What I Liked Best About This Book?
_____
_____
_____
_____
_____

What I Did Not Like About This Book?
_____
_____
_____
_____
_____

Who Was My Favorite Character And Why?
_____
_____
_____
_____
_____

What Surprised Me About This Book?
_____
_____
_____
_____
_____

What I Learned From This Book?
_____
_____
_____
_____
_____

Reading Difficulty ① ② ③ ④ ⑤   Book Rating ☆ ☆ ☆ ☆ ☆

Title _____

Author _____

Audio Book ✓ Ebook ✓ Paperback ✓ Hardback ✓

Start Date [ ]

End Date [ ]

What I Liked Best About This Book?
_____
_____
_____
_____
_____

What I Did Not Like About This Book?
_____
_____
_____
_____
_____

Who Was My Favorite Character And Why?
_____
_____
_____
_____
_____

What Surprised Me About This Book?
_____
_____
_____
_____
_____

What I Learned From This Book?
_____
_____
_____
_____
_____

Reading Difficulty 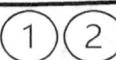   Book Rating

Title _____
Author _____
Audio Book ✓   Ebook ✓   Paperback ✓   Hardback ✓

Start Date ☐

End Date ☐

What I Liked Best About This Book?
_____
_____
_____
_____

What I Did Not Like About This Book?
_____
_____
_____
_____

Who Was My Favorite Character And Why?
_____
_____
_____
_____

What Surprised Me About This Book?
_____
_____
_____
_____

What I Learned From This Book?
_____
_____
_____
_____

Reading Difficulty     Book Rating

Title
_____
Author
_____
Audio Book ✓   Ebook ✓   Paperback ✓   Hardback ✓

Start Date
[   ]

End Date
[   ]

What I Liked Best About This Book?
_____
_____
_____
_____

What I Did Not Like About This Book?
_____
_____
_____
_____

Who Was My Favorite Character And Why?
_____
_____
_____
_____
_____

What Surprised Me About This Book?
_____
_____
_____
_____

What I Learned From This Book?
_____
_____
_____
_____

Reading Difficulty      Book Rating

Title _____ Start Date
Author _____
Audio Book ⊘ Ebook ⊘ Paperback ⊘ Hardback ⊘ End Date

What I Liked Best About This Book?
_____
_____
_____
_____
_____

What I Did Not Like About This Book?
_____
_____
_____
_____
_____

Who Was My Favorite Character And Why?
_____
_____
_____
_____
_____

What Surprised Me About This Book?
_____
_____
_____
_____
_____

What I Learned From This Book?
_____
_____
_____
_____
_____

Reading Difficulty ① ② ③ ④ ⑤   Book Rating ✩ ✩ ✩ ✩ ✩

Title _____

Author _____

Audio Book ✓   Ebook ✓   Paperback ✓   Hardback ✓

Start Date
[   ]

End Date
[   ]

What I Liked Best About This Book?
_____
_____
_____
_____
_____

What I Did Not Like About This Book?
_____
_____
_____
_____
_____

Who Was My Favorite Character And Why?
_____
_____
_____
_____
_____

What Surprised Me About This Book?
_____
_____
_____
_____
_____

What I Learned From This Book?
_____
_____
_____
_____
_____

Reading Difficulty   ④ ⑤   Book Rating    ☆

Title
_____
Author
_____
Audio Book ✓   Ebook ✓   Paperback ✓   Hardback ✓

Start Date
[   ]

End Date
[   ]

What I Liked Best About This Book?
_____
_____
_____
_____
_____

What I Did Not Like About This Book?
_____
_____
_____
_____
_____

Who Was My Favorite Character And Why?
_____
_____
_____
_____
_____

What Surprised Me About This Book?
_____
_____
_____
_____
_____

What I Learned From This Book?
_____
_____
_____
_____
_____

Reading Difficulty   ① ② ③ ④ ⑤   Book Rating   ☆ ☆ ☆ ☆ ☆

Title
_____
Author
_____
Audio Book ✓ Ebook ✓ Paperback ✓ Hardback ✓

Start Date
[ ]

End Date
[ ]

What I Liked Best About This Book?
_____
_____
_____
_____

What I Did Not Like About This Book?
_____
_____
_____
_____

Who Was My Favorite Character And Why?
_____
_____
_____
_____

What Surprised Me About This Book?
_____
_____
_____
_____

What I Learned From This Book?
_____
_____
_____
_____

| 73 | Reading Difficulty    Book Rating    |

Title _____
Author _____
Audio Book ✓ Ebook ✓ Paperback ✓ Hardback ✓

Start Date [ ]
End Date [ ]

What I Liked Best About This Book?
_____
_____
_____
_____
_____

What I Did Not Like About This Book?
_____
_____
_____
_____
_____

Who Was My Favorite Character And Why?
_____
_____
_____
_____
_____

What Surprised Me About This Book?
_____
_____
_____
_____
_____

What I Learned From This Book?
_____
_____
_____
_____
_____

Reading Difficulty   Book Rating

Title: _____

Author: _____

Audio Book ✓   Ebook ✓   Paperback ✓   Hardback ✓

Start Date: [ ]

End Date: [ ]

What I Liked Best About This Book?
_____
_____
_____
_____

What I Did Not Like About This Book?
_____
_____
_____
_____

Who Was My Favorite Character And Why?
_____
_____
_____
_____

What Surprised Me About This Book?
_____
_____
_____
_____

What I Learned From This Book?
_____
_____
_____
_____

| 75 | Reading Difficulty | ① ② ③ ④ ⑤ | Book Rating |  ☆ |

Title _____
Author _____
Audio Book ✓ Ebook ✓ Paperback ✓ Hardback ✓

Start Date [ ]
End Date [ ]

What I Liked Best About This Book?
_____
_____
_____
_____

What I Did Not Like About This Book?
_____
_____
_____
_____

Who Was My Favorite Character And Why?
_____
_____
_____
_____

What Surprised Me About This Book?
_____
_____
_____
_____

What I Learned From This Book?
_____
_____
_____
_____

Reading Difficulty ① ② ③ ④ ⑤   Book Rating ☆ ☆ ☆ ☆ ☆

Title
_____
Author
_____
Audio Book ✓   Ebook ✓   Paperback ✓   Hardback ✓

Start Date
[ ]

End Date
[ ]

What I Liked Best About This Book?
_____
_____
_____
_____
_____

What I Did Not Like About This Book?
_____
_____
_____
_____
_____

Who Was My Favorite Character And Why?
_____
_____
_____
_____
_____

What Surprised Me About This Book?
_____
_____
_____
_____
_____

What I Learned From This Book?
_____
_____
_____
_____
_____

Reading Difficulty   ③ ④ ⑤   Book Rating

Title
_____
Author
_____
Audio Book ✓ Ebook ✓ Paperback ✓ Hardback ✓

Start Date
[ ]

End Date
[ ]

What I Liked Best About This Book?
_____
_____
_____
_____
_____

What I Did Not Like About This Book?
_____
_____
_____
_____
_____

Who Was My Favorite Character And Why?
_____
_____
_____
_____
_____

What Surprised Me About This Book?
_____
_____
_____
_____
_____

What I Learned From This Book?
_____
_____
_____
_____
_____

Reading Difficulty   Book Rating

Title
_____
Author
_____
Audio Book ✓   Ebook ✓   Paperback ✓   Hardback ✓

Start Date
[   ]

End Date
[   ]

What I Liked Best About This Book?
_____
_____
_____
_____
_____

What I Did Not Like About This Book?
_____
_____
_____
_____
_____

Who Was My Favorite Character And Why?
_____
_____
_____
_____
_____

What Surprised Me About This Book?
_____
_____
_____
_____
_____

What I Learned From This Book?
_____
_____
_____
_____
_____

Reading Difficulty ① ② ③ ④ ⑤   Book Rating ☆ ☆ ☆ ☆ ☆

Title: _____

Author: _____

Audio Book ✓ Ebook ✓ Paperback ✓ Hardback ✓

Start Date: [ ]

End Date: [ ]

What I Liked Best About This Book?
_____
_____
_____
_____

What I Did Not Like About This Book?
_____
_____
_____
_____

Who Was My Favorite Character And Why?
_____
_____
_____
_____

What Surprised Me About This Book?
_____
_____
_____
_____

What I Learned From This Book?
_____
_____
_____
_____

Reading Difficulty ① ② ③ ④ ⑤   Book Rating ☆ ☆ ☆ ☆ ☆

Title
_____
Author
_____
Audio Book ✓   Ebook ✓   Paperback ✓   Hardback ✓

Start Date
[ ]

End Date
[ ]

What I Liked Best About This Book?
_____
_____
_____
_____
_____

What I Did Not Like About This Book?
_____
_____
_____
_____
_____

Who Was My Favorite Character And Why?
_____
_____
_____
_____
_____

What Surprised Me About This Book?
_____
_____
_____
_____
_____

What I Learned From This Book?
_____
_____
_____
_____
_____

Reading Difficulty ① ② ③ ④ ⑤   Book Rating

Title _____

Author _____

Audio Book ✓   Ebook ✓   Paperback ✓   Hardback ✓

Start Date

End Date

What I Liked Best About This Book?

_____
_____
_____
_____
_____

What I Did Not Like About This Book?

_____
_____
_____
_____
_____

Who Was My Favorite Character And Why?

_____
_____
_____
_____
_____

What Surprised Me About This Book?

_____
_____
_____
_____
_____

What I Learned From This Book?

_____
_____
_____
_____
_____

Reading Difficulty ① ② ③ ④ ⑤   Book Rating ☆ ☆ ☆ ☆ ☆

Title _____

Author _____

Audio Book ✓   Ebook ✓   Paperback ✓   Hardback ✓

Start Date ☐

End Date ☐

What I Liked Best About This Book?
_____
_____
_____
_____

What I Did Not Like About This Book?
_____
_____
_____
_____

Who Was My Favorite Character And Why?
_____
_____
_____
_____

What Surprised Me About This Book?
_____
_____
_____
_____

What I Learned From This Book?
_____
_____
_____
_____

|83| Reading Difficulty ① ② ③ ④ ⑤   Book Rating

Title _____ Start Date
Author _____
Audio Book ✓ Ebook ✓ Paperback ✓ Hardback ✓ End Date

What I Liked Best About This Book?
_____
_____
_____
_____

What I Did Not Like About This Book?
_____
_____
_____
_____

Who Was My Favorite Character And Why?
_____
_____
_____
_____

What Surprised Me About This Book?
_____
_____
_____
_____

What I Learned From This Book?
_____
_____
_____
_____

Reading Difficulty ① ② ③ ④ ⑤   Book Rating ☆ ☆ ☆ ☆ ☆ | 84

Title _____
Author _____
Audio Book ✓   Ebook ✓   Paperback ✓   Hardback ✓

Start Date ☐
End Date ☐

What I Liked Best About This Book?
_____
_____
_____
_____
_____

What I Did Not Like About This Book?
_____
_____
_____
_____
_____

Who Was My Favorite Character And Why?
_____
_____
_____
_____
_____

What Surprised Me About This Book?
_____
_____
_____
_____
_____

What I Learned From This Book?
_____
_____
_____
_____
_____

Reading Difficulty   ③   Book Rating

Title _____

Author _____

Audio Book ✓ Ebook ✓ Paperback ✓ Hardback ✓

Start Date [ ]

End Date [ ]

What I Liked Best About This Book?
_____
_____
_____
_____
_____

What I Did Not Like About This Book?
_____
_____
_____
_____
_____

Who Was My Favorite Character And Why?
_____
_____
_____
_____
_____

What Surprised Me About This Book?
_____
_____
_____
_____
_____

What I Learned From This Book?
_____
_____
_____
_____
_____

Reading Difficulty ① ② ③ ④ ⑤   Book Rating ☆ ☆ ☆ ☆ ☆

Title _____

Author _____

Audio Book ⊘ Ebook ⊘ Paperback ⊘ Hardback ⊘

Start Date [ ]

End Date [ ]

What I Liked Best About This Book?

_____
_____
_____
_____

What I Did Not Like About This Book?

_____
_____
_____
_____

Who Was My Favorite Character And Why?

_____
_____
_____
_____

What Surprised Me About This Book?

_____
_____
_____
_____

What I Learned From This Book?

_____
_____
_____
_____

Reading Difficulty ① ② ③ ④ ⑤   Book Rating ☆ ☆ ☆ ☆ ☆

Title _____

Author _____

Audio Book ✓ Ebook ✓ Paperback ✓ Hardback ✓

Start Date ▢

End Date ▢

What I Liked Best About This Book?
_____
_____
_____
_____

What I Did Not Like About This Book?
_____
_____
_____
_____

Who Was My Favorite Character And Why?
_____
_____
_____
_____

What Surprised Me About This Book?
_____
_____
_____
_____

What I Learned From This Book?
_____
_____
_____
_____

Reading Difficulty  ③ ④ ⑤ Book Rating    ☆

Title _____
Author _____
Audio Book ✓ Ebook ✓ Paperback ✓ Hardback ✓

Start Date [ ]
End Date [ ]

What I Liked Best About This Book?
_____
_____
_____
_____
_____

What I Did Not Like About This Book?
_____
_____
_____
_____
_____

Who Was My Favorite Character And Why?
_____
_____
_____
_____
_____

What Surprised Me About This Book?
_____
_____
_____
_____
_____

What I Learned From This Book?
_____
_____
_____
_____
_____

Reading Difficulty    Book Rating

Title: _____
Author: _____
Audio Book ✓ Ebook ✓ Paperback ✓ Hardback ✓

Start Date: [ ]
End Date: [ ]

What I Liked Best About This Book?
_____
_____
_____
_____

What I Did Not Like About This Book?
_____
_____
_____
_____

Who Was My Favorite Character And Why?
_____
_____
_____
_____

What Surprised Me About This Book?
_____
_____
_____
_____

What I Learned From This Book?
_____
_____
_____
_____

Reading Difficulty   Book Rating

www.ingramcontent.com/pod-product-compliance
Lightning Source LLC
Chambersburg PA
CBHW081157070526
44583CB00021B/2875